Y 6087.
Yhg.

11289

RECUEIL
DE CANTIQUES,
HYMNES ET ODES;

Pour les Fêtes religieuses et morales des Théophilantropes, ou adorateurs de Dieu et amis des hommes;

Précédé des Invocations et formules qu'ils récitent dans lesdites Fêtes.

A PARIS;

Au Bureau des Ouvrages de la Théophilantropie, rue de la Harpe, n.° 307, près celle du Foin.

An VI - 1798.

AVIS.

On trouve à la même adresse, soit la musique soit le plain-chant des Hymnes contenus dans ce Recueil.

CHANT D'INTRODUCTION.

I.

Adorateurs de l'Eternel,
Qui dans tout homme {aimons / dîmez} un frère ;
Enfans chéris du même père,
Silence... amour... respect autour de son autel
Silence... amour... respect autour de son autel

Le Chœur reprend.

II.

Eternel, écoute nos chants,
O toi, dont l'escence profonde
Est l'ame et le ressort du monde !
Père des nations, écoute tes enfans !
Père des nations, écoute tes enfans !

Les assistans reprennent en chœur.

Eternel, &c.

PREMIÈRE INVOCATION.

« Père de la nature, je bénis tes bienfaits, je te remercie de tes dons.

» J'admire le bel ordre de choses que tu as établi par ta sagesse, et que tu maintiens par ta providence, et je me soumets pour toujours à cet ordre universel.

» Je ne te demande pas le pouvoir de bien faire : tu me l'as donné ce pouvoir, et, avec lui, la conscience pour aimer le bien, la raison pour le connaître, la liberté pour le choisir. Je n'aurais donc pas d'excuse si je fesais le mal. Je prends devant toi la résolution de n'user de ma liberté que pour faire le bien, quelques attraits que le mal paraisse me présenter.

» Je ne t'adresserai point d'indiscrètes prières : tu connais les créatures sorties de tes mains, leurs besoins n'échappent pas plus à tes regards que leurs plus secrètes pensées. Je te prie seulement de redresser les erreurs du monde et les miennes ; car presque tous les maux qui affligent les hommes proviennent de leurs erreurs.

» Plein de confiance en ta justice, en ta bonté, je me résigne à tout ce qui arrive; mon seul desir est que ta volonté soit faite.

» Daigne agréer, avec nos chants, l'offrande de nos cœurs et l'hommage des présens de la terre que nous venons de déposer sur ton autel, en signe de notre reconnaissance pour tes bienfaits ».

(On chante un hymne. Le lecteur en annonce le premier vers.)

EXAMEN DE CONSCIENCE.

Nous allons examiner devant Dieu, si depuis la dernière fête religieuse, nous avons rempli tous les devoirs qu'il nous a imposés envers nous-mêmes, envers notre famille, envers la société; rien de plus important que cet examen. N'ayant été placés sur la terre que pour travailler à la perfection de notre être et au bonheur de nos semblables, nous ne remplirons le but du créateur qu'en nous corrigeant de nos vices, et en nous fortifiant dans la pratique de toutes les vertus.

Interrogeons-nous donc sur les progrès que nous avons faits dans la vertu, et mettons nos vices à la question.

Devoirs envers nous-mêmes.

Avons-nous cherché à acquérir et à perfectionner en nous cette science dont personne n'est dispensé, celle qui nous procure des ressources et des moyens pour subsister, qui donne la prudence et la sagesse, et qui garantit de toutes les erreurs funestes que produit l'ignorance ?

(Un moment de repos après chaque question.)

Avons-nous été sobres et chastes ?

Avons-nous énervé la force de notre corps et de notre ame, en nous abandonnant à la paresse, à l'oisiveté, mère de tous les vices ?

Avons-nous usé de la bonne fortune avec modération, et supporté l'adversité avec courage ?

Avons-nous entretenu, tant dans nos vêtemens que dans notre habitation, cette propreté qui accompagne ordinairement la pureté de l'ame, et qui préserve le corps d'une foule d'incommodités et de maladies graves?

Devoirs envers notre famille.

Chefs de famille, savons-nous régler l'administration de notre maison avec une sage économie, qui préserve, nous et notre famille, de la pauvreté, de la misère, de l'avilissement qu'entraîne la prodigalité ?

Avons-nous pour nos enfans un amour assez éclairé, pour leur faire contracter de bonne heure l'habitude de la vertu ?

Epoux, entretenons-nous, par des égards et des attentions réciproques, la paix, l'amitié, la concorde, dont l'absence remplirait notre maison de troubles, produirait les infidélités, ferait négliger l'éducation des enfans, et entraînerait une foule de désordres ?

Avons-nous pour les auteurs de nos jours tout le respect, toute la déférence, le pieux attachement, dont la nature et la reconnaissance nous font un devoir ?

Enfans, vous devez voir un second père dans celui qui vous donne l'instruction.

Conservons-nous avec nos frères cette union qui fait la prospérité des familles ?.... Rien ne doit rompre des nœuds que la nature elle-même a formés.

Maîtres, traitons-nous nos domestiques ou nos subordonnés avec cette douceur et cette fermeté qui concilient l'amour et le respect?.... Sommes-nous justes envers eux?

Subordonnés, remplissons-nous nos devoirs avec zèle, fidélité et affection?

Devoirs envers la société.

Observons-nous envers nos semblables la justice, loi immuable de l'auteur de la nature, qui veut que tous s'aident les uns les autres ; loi que nous impose notre propre intérêt, puisque nous n'avons droit d'attendre du bien des autres, qu'autant que nous leur en fesons nous-mêmes ;

et que, si nous leur fesons du mal, nous nous exposons à être traités de la même manière ?

Avons-nous, d'après cet esprit de justice, fait aux autres tout ce que nous aurions voulu qu'on nous fît ?

N'avons-nous fait à personne ce que nous n'aurions pas voulu qui nous fût fait ?

Avons-nous rempli toutes les obligations que nous impose cet esprit de justice:

Celle d'aimer notre prochain comme nous-mêmes ;

De faire du bien aux malheureux ;

De respecter l'honneur, les propriétés et tous les droits de nos semblables ?

Avons-nous à nous reprocher des actes contraires à la douceur, à la modestie, à la simplicité des mœurs, à la sincérité, à l'amour de la patrie, vertus qui toutes sont nécessaires à la conservation et au bonheur de l'homme en société ?

Nous sommes-nous arrêtés à la pensée d'une mauvaise action ?

SECONDE INVOCATION.

« Père des humains, en passant en revue tous mes devoirs envers moi-même, envers ma famille, envers la société, je reconnais que tu m'as lié à la pratique de ces devoirs par mon propre intérêt, et que la vertu seule peut faire mon bonheur, même dans cette vie passagère. Je te remercie de ce bienfait, qui est une nouvelle preuve de ta bonté infinie. Ah! si tous les hommes étaient assez éclairés pour voir combien le vice entraîne de désordres funestes à eux-mêmes et à la société, ils seraient tous vertueux, et cette terre serait un lieu de délices. Il est donc bien vrai que presque tous les maux qui affligent les hommes, proviennent de leurs erreurs et de leur ignorance. Corrige, Dieu bon, ce fatal aveuglement, et inspire à tes enfans le desir de s'instruire.

» Je te supplie d'ensevelir mes fautes dans la nuit des tems, en faveur du bien que j'ai voulu faire. Je prends devant toi la résolution de devenir meilleur, et de remplir le but pour lequel tu m'as placé sur la terre, en travaillant, par de bonnes actions, à la perfection de mon être et au bonheur de mes semblables ».

(On chante un hymne.)

(Après deux courtes lectures, mêlées de chants, on termine l'exercice par l'invocation pour la patrie et par l'exhortation qui en annonce la fin.)

INVOCATION

POUR LA PATRIE.

GRAND Dieu! protège notre patrie, et fais-y régner la vertu, l'amitié, la paix et l'abondance.

Eloigne de nous les horreurs des combats, et puissions-nous, sans crainte et sans inquiétude, nous livrer à nos travaux, et nous en délasser par des plaisirs innocens! Si l'ennemi nous attaque, puissions-nous garantir nos champs de la dévastation, et nos maisons du pillage!

Que le jeune homme conserve ses mœurs, la jeune fille son aimable pudeur!

Que la mère de famille voie dans ses enfans sa parure la plus chérie!

Que les conseils du vieillard soient suivis, et que ses cheveux blancs soient respectés !

Que tous cherchent le bonheur dans la fidélité à remplir leurs devoirs, et trouvent dans le travail une facile subsistance !

Que les veilles de nos savans les conduisent à des découvertes utiles à la société !

Que nos magistrats ne s'écartent jamais des principes de la justice, de la sagesse et de la modération !

Daigne sur-tout, Dieu puissant et bon, daigne nous préserver des dissentions civiles ! Amollis les cœurs endurcis par l'ambition, par la haine et par la vengeance. Que tous les citoyens fassent à la patrie (objet si cher à tous les cœurs généreux), qu'ils fassent à leur intérêt bien entendu, le sacrifice de tous sentimens qui pourraient les détourner de l'humanité, de la paix et de la concorde, de l'amour sacré des loix, du respect pour les magistrats!

Quant à nous, qui sommes réunis ici pour t'adorer, et pour nous porter mutuellement à la bienveillance envers nos semblables, nous déposons au pied de ton autel jusqu'aux moindres ressentimens; nous te promettons de ne conserver aucuns souvenirs qui pourraient refroidir notre amour pour la patrie; de nous interdire toute dénomination injurieuse; de voir nos frères dans tous nos concitoyens, quelles que soient leurs opinions; de les ramener par une douce persuasion, si nous les croyons dans l'erreur, sans jamais nous laisser entraîner à la dispute; et, si nous ne pouvons obtenir leur assentiment, de conquérir du moins leur estime, par notre sagesse, par notre modération, par notre esprit conciliateur et pacifique, par notre attachement sincère au gouvernement, et par l'exemple de toutes les vertus.

Soutiens, grand Dieu, notre courage; échauffe tous les cœurs de l'amour de la patrie, et bientôt nous serons un peuple de frères!

EXHORTATION

Pour la fin de l'exercice (1).

La Fête réligieuse et morale est terminée.

Emportez dans vos cœurs les préceptes et les conseils que vous avez entendus.

Faites-en la règle de votre conduite, et vous serez heureux.

N'oubliez pas la résolution que vous avez prise devant Dieu, de travailler à devenir meilleurs.

_____

(1.) Cette exhortation ne doit pas être lue chaque fois toute entière. On peut l'abréger en passant les alinéas compris entre deux parenthèses,

Vivez de manière que votre conscience puisse vous rendre un bon témoignage, quand vous viendrez, à la prochaine fête, offrir vos cœurs et vos dons à l'Éternel, et vous examiner, en sa présence, sur les progrès que vous aurez faits dans la vertu.

(Nous ne vous demandons pas de déposer dans nos mains ce que vous pouvez consacrer au soulagement de l'indigence, et de nous rendre les dispensateurs de vos aumônes. Faites vous-mêmes tout le bien que vous pouvez faire. Conduisez vos enfans sous le toît du pauvre ; qu'ils essuient, avec vous, les larmes des malheureux ; et, qu'instruits par vous et par votre exemple, ils sachent de bonneheure, combien il est doux de secourir son semblable.

Venez assidûment à nos fêtes : amenez avec vous vos enfans, vos proches, vos amis, quelles que soient les nuances de leurs opinions. Ils n'entendront ici que des principes sur lesquels tous les peuples et toutes les sectes sont d'accord.

Que votre attention se porte, non sur nous, mais sur les préceptes que notre voix vous transmet. Dans une matière aussi grave, les individus ne sont rien, les principes sont tout; et nous ne sommes d'ailleurs que les échos des sages de tous les pays et de tous les siècles, qui se sont occupés du bonheur de l'espèce humaine.

Regretterez-vous de consacrer une heure sur plusieurs jours, à la plus importante de toutes les sciences, celle de vos devoirs ? Insensé qui dédaignerait tout culte extérieur ! Indépendamment de l'exemple que nous devons tous à la société, de notre respect pour la religion et pour la morale, ces deux filles du ciel, conservatrices du bonheur des états et des individus, l'homme le plus instruit et le plus sage a besoin d'être rappelé par les sens, à la Divinité et à ses devoirs ; il a besoin de se réunir quelquefois avec ses frères, si non pour apprendre, du moins pour s'encourager au milieu d'eux, pour les encourager, par sa présence, à devenir meilleurs, et pour fortifier dans son ame l'amour de la vertu et l'horreur du vice).

Employez le restant de cette journée en délassemens honnêtes, afin que vous puisssiez demain reprendre vos occupations avec plus d'ardeur, et vous y livrer sans relâche jusqu'au prochain jour de repos.

Allez en paix, ne vous divisez pas pour des opinions, et aimez-vous les uns les autres.

———

HYMNE, N°. I.

I.

O Dieu dont l'Univers publie
Et les bontés et la grandeur ;
Toi qui nous accordas la vie,
Reçois l'encens de notre cœur.
Laisse à tes pieds dormir la foudre,
Dont ton bras peut réduire en poudre
L'ingrat qui brise ton autel.

(*) De nos chants les cieux retentissent;
Sur des enfans qui te bénissent,
Abaisse un regard paternel.   (*bis.*)

II.

Pour approfondir ton essence,
Notre raison s'épuise en vain :
Les tems n'ont point vu ta naissance,
Les tems ne verront point ta fin.
Du haut de la céleste voûte,
Au soleil tu traces sa route ;
Tu contiens la fureur des mers ;

(*) Ton feu rend la terre féconde
Et ta main balance le monde
Dans l'espace immense des airs.   (*bis.*)

(*) Au refrain.

III.

Sourds à la voix de tes miracles,
Victimes de mille imposteurs,
Combien, sur la foi des oracles,
Les peuples ont commis d'horreurs!
Aux animaux impurs, aux vices,
Ils ont offert des sacrifices,
Où des flots de sang ont coulé.

(*) Dans des holocaustes barbares,
A des divinités bizarres,
L'homme fut par l'homme immolé. (bis.)

IV.

Soutiens le faible qu'on opprime;
Fais triompher la vérité;
Pardonne, en punissant le crime,
Aux erreurs de l'humanité.
Donne aux magistrats la sagesse,
Le doux repos à la vieillesse,
Au jeune âge, les bonnes mœurs.

(*) Entretiens le respect des pères,
La concorde parmi les frères,
Et ton culte dans tous les cœurs. (bis.)

ODE, N.º II.

Largo

Les cieux instruisent la terre à révérer leur auteur; tout ce que leur globe enserre célèbre un dieu créateur, célèbre un dieu créateur, quel plus sublime cantique, que ce concert magnifique, de tous les célestes corps! quelle grandeur infinie, quelle divine harmonie résulte de leurs accords!
— Au Refrain!

ODE, N°. II.

I.

Les cieux instruisent la terre
A révérer leur Auteur ;
Tout ce que leur globe enserre
Célèbre un Dieu Créateur.
Quel plus sublime cantique,
Que ce concert magnifique
De tous les célestes corps ?
Quelle grandeur infinie,
Quelle divine harmonie
Résulte de leurs accords !

Le Chœur.

Les cieux instruisent la terre
A révérer leur Auteur,
Tout ce que leur globe enserre
Célèbre un Dieu Créateur.

II.

De sa puissance immortelle
Tout parle, tout nous instruit ;
Le jour au jour la révèle,
La nuit l'annonce à la nuit.

Ce grand et superbe ouvrage
N'est point pour l'homme un langage
Obscur et mystérieux ;
Son admirable structure
Est la voix de la nature,
Qui se fait entendre aux yeux.

Le Chœur.

Les cieux, &c.

I I I.

Dans une éclatante voûte,
Il a placé de ses mains,
Ce soleil, qui dans sa route,
Eclaire tous les humains.
Environné de lumière,
Cet astre ouvre sa carrière,
Comme un époux glorieux ;
Qui, dès l'aube matinale,
De sa couche nupriale
Sort brillant et radieux.

Le Chœur.

Les cieux, &c.

IV.

L'univers à sa présence
Semble sortir du néant.
Il prend sa course, il s'avance
Comme un superbe géant.
Bientôt sa marche féconde
Embrasse le tour du monde,
Dans le cercle qu'il décrit ;
Et par sa chaleur puissante,
La nature languissante
Se ranime et se nourrit.

Le Chœur.

Les cieux, &c.

CANTIQUE, N°. III.

I.

Dieu créateur, ame de la nature,
Reçois les vœux et l'encens des mortels.
Vois tes enfans adorer sans murmure
De ta bonté les décrets paternels.

(*) Nos chants, nos cœurs, voilà l'offrande pure,
Dont notre amour enrichit tes autels. (*bis.*)

II.

L'ordre qui règne à la céleste voûte,
Prouve en tous lieux ta gloire et tes bienfaits;
C'est vainement que le pervers en doute,
Pour te cacher son cœur et ses forfaits :

(*) Il voit par-tout le témoin qu'il redoute ;
Ton œil vengeur confond ses noirs projets. *bis.*

III.

Dans les sentiers de l'orgueil et du vice,
Si nous avons la faiblesse d'errer,
Tu nous donnas au bord du précipice,
Un guide sûr, prompt à nous éclairer.

(*) A la raison que le cœur obéisse,
Et son flambeau ne pourra l'égarer. (*bis.*)
Au refrain.

IV.

Blâmons l'erreur, mais plaignons le coupable,
Le ciel a seul le droit de le punir.
De la douceur que l'éloquence aimable,
En instruisant, pardonne sans haïr.
(*) L'art d'être heureux est d'aimer son semblable,
Ah ! quel devoir est plus doux à remplir ! *bis.*

CANTIQUE, N°. IV.

I.

Bénissons dès notre réveil
Le Dieu qui nous rend la lumière.
C'est lui qui commande au soleil
D'avertir la nature entière
Qu'il esr tems de sortir des langueurs du sommeil.

Le Chœur.

Bénissons, &c.

II.

Aux premiers feux du jour tout se meut, tout s'avive ;
L'oiseau reprend ses concerts enchanteurs ;
Des végétaux la séve plus active
Enfante des fruits ou des fleurs.
Le taureau nourricier, les coursiers voyageurs
Travaillent d'une ardeur plus vive.
Malheur à l'homme criminel
Qui, demeurant plongé dans l'indolence oisive,
Rompt cet accord universel !

Le Chœur.

Bénissons &c.

III.

Dieu que ce jour qui nous éclaire,
Pour un père chéri, pour une tendre mère
Soit le jour le plus fortuné:
Qu'il ne soit pas empoisonné
Par le triste souci, par la douleur amère,
Mais que dans le cœur de leur fils,
De leurs soins paternels ils reçoivent le prix !

Le Chœur.

Bénissons, &c.

IV.

Dans sa carrière glorieuse
De l'astre des saisons rien n'arrête le cours.
Mes enfans ! ainsi tous les jours,
Suivez de la vertu la trace radieuse.
Aimez-vous, aimons-nous ; que le baiser de paix
Devienne pour nous à jamais
Le gage d'une vie heureuse.

Le Chœur.

Suivons de la vertu la trace radieuse.
Aimons-nous tendrement, que le baiser de paix
Devienne pour nous à jamais
Le gage d'une vie heureuse.

V.

Reçois ce vœu consolateur,
Dieu qui nous vois des voûtes éternelles !
Eloigne de nos faibles cœurs
Le vice impur, les erreurs infidelles.
Des jours nouveaux, sans des vertus nouvelles,
Sont perdus pour notre bonheur.
Que nos momens soient pleins de notre bien-
fesance ;
Tendons au malheureux une facile main.
Qu'il puisse comme nous aimer la providence ;
Et qu'il desire encore que nous vivions demain.

Le Chœur.

Bénissons, &c.

HYMNE Nº. V.

Larghetto

Pe-re de l'Uni-vers, su-prême in-tel-li-gen-ce, bien-faiteur i-gno-ré des a-veu-gles mor-tels, tu re-vé-las ton être à la re-con-nais-san-ce qui seule é-le-va tes au-tels, qui seule é-le-va tes au-tels.

Le Chœur répète Chaque Strophe.

HYMNE, N°. V.

I.

Père de l'Univers, suprême intelligence,
Bienfaiteur ignoré des aveugles mortels,
Tu révélas ton être à la reconnaissance,
    Qui seule éleva tes autels !   (*ter.*)

(*Les assistans répètent chaque strophe en chœur.*)

II.

Ton Temple est sur les monts, dans les airs, sur les
    ondes.
Tu n'as point de passé ; tu n'as point d'avenir ;
Et sans les occuper, tu remplis tous les mondes
    Qui ne peuvent te contenir.   (*ter.*)

III.

O toi, qui du néant, ainsi qu'une étincelle,
Fis jaillir dans les airs l'astre éclatant du jour,
Fais plus... verse en nos cœurs ta sagesse éter-
    nelle ;
    Embrâse-nous de ton amour !   (*ter.*)

ODE, N°. VI.
Caractère de l'homme juste.

I.

Grand Dieu, dans ta gloire adorable
Quel mortel est digne d'entrer ?
Qui pourra, grand Dieu, pénétrer
Ce sanctuaire impénétrable,
Où le juste incliné, d'un œil respectueux
Contemple de ton front l'éclat majestueux !

II.

Ce sera celui qui du vice
Evite le sentier impur,
Qui marche d'un pas ferme et sûr
Dans le chemin de la justice ;
Attentif et fidèle à distinguer sa voix,
Intrépide et sévère à maintenir ses loix.

III.

Ce sera celui dont la bouche,
Rend hommage à la vérité,
Qui, sous un air d'humanité,
Ne cache point un cœur farouche ;
Et qui, par des discours faux et calomnieux,
Jamais à la vertu n'a fait baisser les yeux.

IV.

Celui devant qui le superbe,
Enflé d'une vaine splendeur,
Paraît plus bas, dans sa grandeur,
Que l'insecte caché sous l'herbe,
Qui bravant du méchant le faste couronné;
Honore la vertu du juste infortuné.

V.

Celui, dis-je, dont les promesses
Sont un gage toujours certain;
Celui qui d'un infâme gain
Ne sait point grossir ses richesses;
Celui qui sur les dons du coupable puissant
N'a jamais décidé du sort de l'innocent.

HYMNE, N°. VII.

I.

Tout l'univers est plein de sa magnificence;
Qu'on l'adore ce Dieu; qu'on l'invoque à jamais.
Son empire a des tems précédé la naissance :
    Chantons, publions ses bienfaits.

Le Chœur.

Tout l'univers, &c.

II.

    En vain l'injuste violence
Au peuple qui le loue imposerait silence :
    Son nom ne périra jamais.
Le jour annonce au jour sa gloire et sa puissance;
Tout l'univers est plein de sa magnificence :
    Chantons, publions ses bienfaits.

Le Chœur.

Tout l'univers, &c.

III.

Il donne aux fleurs leur aimable peinture,
    Il fait naître et mûrir les fruits :
    Il leur dispense avec usure,

Et la chaleur des jours, et la fraîcheur des nuits,
Le champ qui les reçut les rend avec usure.

Le Chœur.

Tout l'univers, &c.

VI.

Il commande au soleil d'animer la nature,
Et la lumière est un don de ses mains.
Mais sa loi sainte, sa loi pure
Est le plus riche don qu'il ait fait aux humains.

Le Chœur.

Tout l'univers, &c.

CANTIQUE, N°. VIII.

I.

De l'Eternel tout célèbre la gloire,
Tout à mes yeux peint un Dieu créateur;
De ses bienfaits perdrai-je la mémoire?
Tout l'univers m'annonce son auteur.
L'astre du jour m'offre par sa lumière,
Un faible trait de sa vive clarté;
Au bruit des flots, à l'éclat du tonnerre,
Je reconnais le Dieu de majesté.

Le Chœur.

De l'éternel tout célèbre la gloire,
Tout à mes yeux peint un Dieu créateur;
De ses bienfaits perdrai-je la mémoire?
Tout l'univers m'annonce son auteur.

II.

Tendres oiseaux de ce riant bocage,
Chantez, chantez, redoublez vos concerts;
Par vos accens rendez un digne hommage
Au Dieu puissant qui régit l'univers.
Par vos doux sons, votre aimable ramage,
Vous inspirez l'innocence et la paix,

Et vos plaisirs du moins ont l'avantage
Que les remords ne les suivent jamais.

Le Chœur.

De l'Eternel, &c.

III.

Beau papillon qui d'une aîle légère
De fleurs en fleurs voles, sans t'arrêter ;
De nos desirs tel est le caractère,
Aucun objet ne peut nous contenter.
Nous courons tous de chimère en chimère
Croyant bientôt toucher au vrai bonheur ;
Mais ici bas c'est en vain qu'on l'espère,
Et Dieu peut seul remplir tout notre cœur.

Le Chœur.

De l'Eternel, &c.

IV.

Aimables fleurs qui parez ce rivage,
Et que l'aurore arrose de ses pleurs,
De la vertu vous nous tracez l'image
Par l'éclat pur de vos vives couleurs.
Si vous séchez en commençant d'éclore,
Qu ne brillez souvent qu'un jour ou deux ;

Votre parfum après vous dure encore,
De la vertu symbole précieux.

Le Chœur.

De l'Eternel, &c.

V.

Charmant ruisseau, qui dans cette prairie,
En serpentant précipites ton cours,
Tel est hélas! le cours de notre vie,
Comme les eaux s'écoulent nos beaux jours.
Tu vas te perdre à la fin de ta course,
Au sein des mers d'où jamais rien ne sort;
Et tous nos pas ainsi, dès notre source,
Toujours errans, nous mènent à la mort.

Le Chœur.

De l'Eternel, &c.

HYMNE, N°. IX.

Sur la vieillesse.

I.

Célébrons l'auguste vieillesse,
Objet de nos respects, de nos soins assidus,
Qui donne encore à la jeunesse
De grands exemples de sagesse
Et de courage et de vertus.

Le Chœur.

Célébrons, &c.

II.

Tels que dans nos forêts, on voit d'antiques chênes
Elever fièrement leurs cîmes souveraines
Bravant les coups et les efforts des vents :
Tels, au milieu de nous, ces vieillards honorables
Lèvent, avec fierté, leurs têtes vénérables
Que respecte la faulx du Tems.

Le Chœur.

Célébrons, &c.

III.

Heureux qui voit, en paix, s'augmenter sa famille,
Qui tient sur ses genoux les enfans de sa fille,
Et sait jouir de leurs embrassemens...
Dieu lui-même le veut: une longue existence
de la vertu la digne récompense ;
Le malheur attend les méchans !

Le Chœur.

Célébrons, &c.

IV.

Devant ces bons vieillards, chargés d'ans et de gloire,
Ces monumens vivans de notre antique histoire,
Enfans, courbez vos fronts respectueux:
Et vous jeunes époux, qu'un tendre hymen engage,
Voulez-vous de vos fils vous assurer l'hommage,
Rendez hommage à vos ayeux.

Le Chœur.

Célébrons, &c.

ODE, N°. X.

I.

Suprême auteur de la nature,
Pour t'aimer tu fis les mortels.
En vain l'erreur et l'imposture
Voudraient détruire tes autels :
Dans le cœur de l'être qui pense,
Le sentiment de ta présence
Naît et s'accroît par tes bienfaits ;
L'athée en vain cherche à l'éteindre,
Son souffle impur n'a pu l'atteindre
Il vit pour ne mourir jamais.   *(ter.)*

II.

Et toi, de qui l'ame égarée,
Dans le hasard seul met sa foi,
Vois des cieux la voûte azurée
Se déployer autour de toi :
Vois dans leur course règulière
Ces globes, sources de lumière,
Toujours roulans, toujours en feu ;
Vois les saisons ; vois la nature ;
Et si ton cœur n'est pas parjure,
Diras-tu qu'il n'est pas de Dieu.   *(ter.)*

CANTIQUE, N°. XI.

I.

De votre Dieu, de vos semblables,
Accourez, sincères amis,
Avec ces titres respectables,
Parmi nous vous serez admis.

(*) Cette enceinte heureuse et sacrée,
S'ouvre aux cœurs purs et bienveillans;
Déposez loin de son entrée
Jusqu'aux moindres ressentimens.

II.

D'un Dieu nous croyons l'existence
Et nous bénissons sa bonté.
Nous croyons à la providence,
A l'ame, à l'immortalité.

(*) De ce symbole élémentaire
Si nous ne voulons rien ôter,
Nous n'interrogeons point un frère
Sur ce qu'il y veut ajouter.

III.

Dieu qui d'aimer sa bienfesance
A fait un devoir à nos cœurs,
(*) Au refrain.

En bornant notre intelligence
Fit une excuse à nos erreurs.

(*) D'un cœur droit les erreurs légères
Trouvent ainsi grâce à ses yeux.
Ne réprouvons donc point nos frères :
Nous pouvons nous tromper comme eux.

IV.

Sectes qui partagez la terre,
Accordez-vous, vivez en paix.
Qu'un zèle aveugle et sanguinaire
S'éteigne entre vous pour jamais.

(*) De Dieu tout l'univers atteste
La bienfesance et la grandeur.
Qui veut disputer sur le reste
N'embrasse souvent qu'une erreur.

HYMNE, N°. XII.

Pour le Mariage.

I.

Gloire à l'hymen : que tout ici l'honore ;
O vous, pour qui ses feux viennent de s'allumer,
Vos plus beaux jours sont près d'éclore !
Heureux les cœurs que l'hymen peut charmer !
L'inquiet célibat, tristement solitaire,
D'ennuis et d'amertume abreuve ses martyrs ;
(*) Mais l'hymen est pour nous la source salutaire
Des vrais biens et des vrais plaisirs.

II.

Nœud plein d'attraits, union consolante,
Tu relèves notre ame en ses plus grands revers ;
De la fortune souriante
Par toi les dons nous deviennent plus chers ;
Ta féconde douceur enfante les familles,
Fait naître les cités, enrichit les guérets ;
(*) Nous te devons nos arts, les vertus sont tes filles ;
Qui pourrait nombrer tes bienfaits ?
(*) Au refrain.

E

I I I.

Règne sur nous, règne auguste hyménée,
De la société père et conservateur.
Joins d'une chaîne fortunée
Ces cœurs brûlans d'une pudique ardeur.
De tant d'êtres divers que le plaisir inspire,
S'aimant, se recherchant, se fuyant tour-à-tour,
(*) L'homme seul te révère, et ton sublime empire
Dans son cœur épure l'amour.

HYMNE, N°. XIII.

I.

Homme, adore un être suprême,
Dit Zoroastre (1) au Bactrien (2).
Avant d'être, tu n'étais rien :
As-tu su te créer toi-même ?
(*) Homme adore un être suprême ;
Il est ton père et ton soutien ;
Il te nourrit, t'éclaire et t'aime ;
Proscris le mal et fais le bien.

II.

Homme, crains de faire à ton frère,
Ce que tu craindrais qu'il te fît ;
La voix de ton cœur te le dit :
Nous n'avons tous qu'un même père.
(*) Dans le besoin donne à ton frère
Les soins de la fraternité ;
C'est un échange nécessaire,
C'est le vœu de l'humanité.

(*) Au refrain.

---

(1) Philosophe indien.
(2) Peuple de l'Inde.

LII.

Des lenteurs de l'expérience
Le ciel t'épargna le besoin :
De tes actes juge et témoin,
En toi veille ta conscience.
(*) Si tu sens quelque défiance
Au moment où tu vas agir,
Abstiens-toi : voilà la science
Qui mène à ne jamais rougir.

HYMNE, N°. XIV.

SUR LA PAIX.

I.

La Paix a chassé la douleur,
Et la gaîté succède aux larmes,
Le Français est par-tout vainqueur,
Tout a fléchi devant ses armes.
Par-tout il voit la liberté
S'asseoir sur le char de la gloire,
(*) Et respirer l'humanité,
Sous l'auspice de la victoire.

II.

Enfin nous avons su fixer
Le bonheur au sein de la France;
Gardons-nous de le renverser,
Il nous coûte assez de souffrance.
Etouffons nos ressentimens
Au fond de notre ame attendrie;
(*) Et de la paix brûlons l'encens
Sur les autels de la Patrie.

III.

Grand Dieu, qui couvres de bienfaits
Le peuple puissant qui t'adore,

(*) Au refrain.

Maintiens parmi nous cette paix
Que la victoire a fait éclore !
Qu'au bonheur les Français rendus,
N'aient plus qu'à t'offrir leurs hommages,
(*) Qu'ils soient chéris par leurs vertus
Comme ils sont craints par leur courage.

IV.

Tu fis triompher nos guerriers,
Pour donner la paix à la terre ;
Ils ont, sur de brillans lauriers,
Enté l'olive salutaire.
Puissent leurs immortels succès
Fonder une paix immortelle,
(*) Et la liberté des Français
Etre inaltérable comme elle.

HYMNE, N.° XV.

Pour la Fête de la souveraineté du Peuple.

AIR: *Du chant du Départ.*

I.

Du peuple souverain on proclame la fête:
 Français, par ce mot seul instruit,
Songe que libre enfin, tu dois de ta conquête
 Assurer la gloire et le fruit.
 Il n'est qu'un pouvoir légitime,
 Son but est l'ordre et le bonheur :
 Le ravir au peuple est un crime ;
 Lui seul en est dispensateur.

* D'une main ferme autant que sage,
 Peuple français, défends tes droits ;
 Aux vertus porte ton suffrage,   } bis.
 Et respecte tes propres lois.

II.

Il faut être bons fils, bons époux et bons pères
 Pour être de bons Citoyens ;
De ces affections si touchantes, si chères,
 Resserrons les heureux liens.

(*) Au refrain.

C'est par les vertus domestiques,
C'est par l'innocence des mœurs,
Qu'au grand art des vertus publiques
Nous devons instruire nos cœurs.

* D'une main ferme, &c.

III.

Guerriers, que mille fois aux champs de la victoire
  Guida l'auguste liberté,
Affermissez son temple, il est pour votre gloire,
  Celui de l'immortalité.
  Pour garantir de toute atteinte
  Ce monument si précieux,
  Formez alentour une enceinte
  De vos lauriers majestueux.

* D'une main ferme, &c.

IV.

Punissons les forfaits d'une Isle ambitieuse,
  Et quand le monde aura la paix,
Puisse aussi parmi nous une concorde heureuse
  Fixer ses solides bienfaits !
  L'unité d'un joug despotique
  Est l'arme affreuse des tyrans;

Mais l'appui d'une république
Est l'unité des sentimens.

* D'une main ferme, &c.

V.

Peuple, quand tu diras : c'est de l'être suprême
Que je tiens mon autorité ;
Dans la bouche des rois ce qui fut un blasphême,
Sera pour toi la vérité.
Tyrans, votre cause cruelle,
Se fonda sur la trahison.
La cause du peuple a pour elle
Dieu, la nature et la raison.

* D'une main ferme, &c.

HYMNE, N.º XVI.

DE LA JEUNESSE.

I.

JETTE sur nous des yeux propices ;
Grand Dieu, protège des enfans,
Qui te consacrent les prémices
De leur amour et de leurs chants !
Les travaux constans de nos pères,
Les douces vertus de nos mères ;
Donnent un prix à leur encens ;

* Mais le tribut de l'espérance
Est le seul qu'à ton indulgence,
Puissent offrir nos jeunes ans. (*bis.*)

II.

Du secret de ton existence,
Ce monde si grand et si beau,
Nous révèle la connaissance

(*) Au refrain.

Dès que nous sortons du berceau.
Qui veut comprendre tes merveilles,
Perd, dit-on, en stériles veilles
L'effort d'un esprit curieux;

* Mais pour admirer ta puissance,
Mais pour aimer ta bienfesance,
Il ne faut qu'un cœur et des yeux. (*bis.*)

III.

La Nature te rend hommage,
Et son spectacle nous instruit.
Des oiseaux l'innocent ramage
Te salue et nous attendrit.
On les voit exemts de querelles,
Toujours joyeux, toujours fidèles,
S'aimer, s'entr'aider, vivre en paix.

* Nous suivrons ces guides aimables,
Nous chérirons tous nos semblables,
Et nous chanterons tes bienfaits. (*bis.*)

IV.

Au bonheur de notre naissance,
Combien n'as-tu pas ajouté,
Quand tu nous as fait dans la France,

Trouver Patrie et liberté !
Bonne et magnifique Patrie,
Liberté féconde et chérie,
Combien vos noms nous semblent doux !

* Nous vous recevons de nos peres,
Nous vous conserverons entieres,
Nous mourrons, s'il le faut, pour vous. (*bis*)